O PERDÃO IMPERDOÁVEL

Da Autora:

As Sombras da Vinha

O Herói Desvalido

MARIA CARPI

O PERDÃO IMPERDOÁVEL

BERTRAND BRASIL

Rio de Janeiro | 2014

Copyright © 2014, Maria Elisa Carpi
Todos os direitos reservados.

Capa: Oporto design

Imagem de capa: © hepatus / © spxChrome | iStockphoto

Editoração: FA Studio

Texto revisado segundo o novo
Acordo Ortográfico da Língua Portuguesa

2014
Impresso no Brasil
Printed in Brazil

Cip-Brasil. Catalogação na publicação
Sindicato Nacional dos Editores de Livros. RJ

C298p	Carpi, Maria, 1939- O perdão imperdoável / Maria Carpi. — 1. ed. — Rio de Janeiro: Bertrand Brasil, 2014. 144 p.; 21 cm. ISBN 978-85-286-1576-0 1. Poesia brasileira. I. Título.
14-15631	CDD: 869.91 CDU: 821.134.3(81)-1

Todos os direitos reservados pela:
EDITORA BERTRAND BRASIL LTDA.
Rua Argentina, 171 — 2º andar — São Cristóvão
20921-380 — Rio de Janeiro — RJ
Tel.: (0xx21) 2585-2070 — Fax: (0xx21) 2585-2087

Não é permitida a reprodução total ou parcial desta obra, por
quaisquer meios, sem a prévia autorização por escrito da Editora.

Atendimento e venda direta ao leitor:
mdireto@record.com.br ou (0xx21) 2585-2002

O Direito de Defesa deve ser proporcional à agressão. Assim consagram os códigos.

E quando a violência é desmedida e injusta, o agressor não se beneficia da lei. Apenas da misericórdia.

Quem exerce a miscricórdia? A santidade da vítima. Mas, como muito bem diz Hannah Arendt, podemos perdoar o agressor, mas não apagar o fato.

A vítima, ao perdoar, conserva as suas chagas. Cristo perdoou e ressuscitou com as chagas.

Muito tenho meditado sobre o perdão. E o faço com **a razão poética**, no melhor sentido da filósofa María Zambrano. E à pergunta bíblica, se devemos perdoar sete vezes, contrapõe-se: não apenas sete, mas setenta vezes sete.

Não há anistia para o perdão imperdoável. O seu centro sagrado está no coração da vítima: somente ela o pode dar, com a costura das cicatrizes. Essas sempre irão lembrar à humanidade que o erro ficou escrito em sua carne. Ela tem o manuscrito da dor e da impronunciável ofensa, sem defesa dos demais.

Sempre haverá, nos corações sensatos, a dúvida da culpa. Sempre seremos culpados, não do pecado original, mas de não perceber o próximo, longínquo em seu sofrimento.

Neles me incluo.

MARIA CARPI

O PERDÃO IMPERDOÁVEL

1.

Como é difícil se perdoar.
Mesmo que todos nos perdoem,
mesmo com a extrema-unção,
ainda não nos perdoamos.

Começamos a nos perdoar
quando perdoamos a genuflexão
de Deus na morte de seu filho.
Quando perdoamos o silêncio

de Deus na nossa própria morte.
Quando perdoamos aqueles
que nos antecederam na morte.
Quando perdoamos a violência

do nascimento ao sermos jogados
na existência. A violência
da letra quando jogados
na escrita do livro inacabado.

2.

Deus não reside nos céus.
Deus não reside na súplica

ou no louvor. Deus não
reside em cilindros de vidro

ou tabernáculos de marfim.
Deus não reside. Deus

não reside nos livros sagrados
ou páginas incendiadas

pela paixão. Não reside
no pano de Verônica.

Deus não reside na agonia.
Deus não reside. Deus caminha

sobre as águas do perdão.

3.

O nascimento movimenta
as hélices da culpa,

as pás do moinho
moem a absolvição.

Somente se nasce
para o alto, descendo

os degraus da culpa.
Ao ler a página que falta,

lemos a culpa da autoria
do livro. A página

que falta soletrada
à cabeceira da morte

perdoa o sangue
da vingança hereditária.

4.

Perseverar em desvios
é permanecer no perdão
que torna inacessível

o texto da lei. Ruptura
às letras. Não perdoar
a falta, mas o julgamento.

As páginas da inquisição
não se fecham com o perdão.
Sempre há uma brecha

de onde voa mais longe
a contrição do mugido
das reses para o abate.

E, quando por dolência
mortal, a caneta escorregar
da mão que escreve.

o verbo continuará
o patíbulo da escritura,
alertando outros olhos

a peregrinar a estrela.
Deus continuará a ser
escrito e perdoado.

5.

A música dos insetos
das chagas sobrepõe-se
a todos os gritos

e impropérios, tornando
a praça deserta, oca
de seus violinos.

O coração para a ouvi-los.
Frente às ondas, sobram
as sandálias desamarradas

dos passos, quando os olhos
se encontram e o mar
perde o fôlego ao mergulhar

na carne. O desamparo
da gota, da lágrima,
do grão, sendo acolhidos

pelo perdão dado à fonte,
ao rosto e à colheita.
O desamparo do filho

cai no cálice e o esvazia
das videiras, ramificadas
em seu peito arqueado

pela difícil respiração.

6.

A respiração do perdão,
sopro boca a boca,
a tudo invade e movimenta
as folhas da árvore

da vida e do livro.
Condensa-se em água
e volta a derramar-se,
assoprando o suor

da pele. A mão alcança
o casulo da estrela
que goteja. O óvulo
estremece no ventre.

Os joelhos dobram-se.
A respiração do perdão
incha os gomos da boca
quando soluça: Vai.

E repercutem sinos:
Vai. E abrem-se frestas
e grotas: Vai. Os dardos
do limoeiro dos dedos: Vai.

No debrum dos lábios
amorosos, o inquieto
coração desafogado
pela água do perdão vai.

7.

No setimo dia da criação,
Deus vê que tudo é bom
e descansa. Surge depois

o dia do pecado. Antes
o perdão amanhece,
adormecendo o homem

para acordar a mulher.
A serem, no perdão,
uma só carne. E acende

um quase apagar-se
para sorver o hálito
dos amantes onde rasteja

a serpente. A arca
das entranhas flutua
à superfície dos rios.

8.

A virgem amamenta
na velhice. O monjolo
mói a semente, o arado

fende a terra, os pés amassam
a argila das uvas, a faca
corta a haste do balido

dos temperos na vinha
d'alhos. O perdão
é a maior vingança à foice

que cegou o trigo, cegando
o fio do corte. A luta
com o anjo aéreo no giro

do corpo à sepultura.
O giro do sol na carne
do livro aberto ao acaso.

9.

Quem muito pecou
sem névoa de pecado,
quem desistiu do rosto
e da palavra, quem

se afundou fora de si
e ninguém reconhece,
nem a mãe que o pariu,
cuja pronúncia deixou

de ser a partícula íntima
da voz e o chão escapa,
escapam os dedos
e articulações, quem

resta sem restar, sem pedir
para restar, nicho da pomba
na catedral de vidro,
entre sinos silenciados

e círios apagados, entra
e crava rosas. Quando um
só mata, é toda a multidão
que mata. Quando a vítima

perdoa, todos são perdoados.

10.

Quem escolhe perdoar
não escolhe a quem
e semeia sem olhar

o chão onde pisa sem
cautela de pisar. Escolhe
com os olhos fechados

e tateando o escuro
do rosto entre lágrimas.
Quem perdoa não se tem

por perdoado até se abrir
em frutas o arvoredo,
onde não escolhe nascer.

11.

O perdão é a presença
entre nós, o reino desatado
entre elos e novelos.
Não aqui nem ali,

mas entre lâmpadas.
O pão se reparte entre
fatias. Um verso e outro
verso cadencia um entre

pálpebras. Entre lábios,
o beijo. Entre corpos
apalpa a íntima epiderme
e floresce. O quarto inserto

de ventos entre conversa.
Não rasga, não desbota
como a mancha desbota
o branco que feriu. A casa,

a cama, o dormir, escrevem
o entressono do sonho desperto.
O entre nunca se fecha:
abre janelas entre paredes.

12.

Onde moras? Na barca.
Quando desceres da barca,
não desembarcarás do rio.
Quando desceres o rio,
não desembarcarás do oceano.
Onde moras cabe num
balde ou na sequidão.

Onde demoras? Estás
sempre saindo de cena,
trocando de personagem,
mas as cortinas demoram-se
abertas. As pálpebras
demoram-se a fechar.
Nem sempre a morte

é mortal. Demora-se
em morrer. O texto
demora-se nas veias

costuradas ao pulso.
O rumo demora-se
no extravio. O gume
demora na mão que esfria.

O fio condutor enrola-se
em vários nós. E a velocidade
da demora arrodeia-se
de mariposas. A velocidade
apodrece os caules na jarra
da demora. Apodrece a água.
Apodrece a sede da alma.

Descer para a cova demora
a descida para a vida.
Descer para a escrita
demora o residir na ausência
do livro pago a prazo.
O que fica: a evaporação
do corpo. Sair de si demora.

13.

Quando se apagam
as labaredas do corpo
no corpo em cinzas,

apaga-se também
um ponto de comoção
do mundo. Se outra

dimensão rapta esse
fogo, não sabemos.
Se é preciso extingui-lo

para renascer, não
sabemos. Se novo ciclo
reunirá o pó dos sonhos,

não sabemos. Se outro
livro espera nossa rasurada
caligrafia, a mão trêmula,

a testa inclinada, não sabemos.

Apenas podemos perdoar
o nome do nascimento
e voltar a comer a maçã.

14.

Vou te ler, depois de ser
absolvida pela morte.
Em vida, guardei tuas cartas,
tuas frases perfumadas,

teus versos lacrados
de orvalho. Tua voz
lacrada de pássaros.
Se rompesse o jade

do lacre, nunca teria
podido escrever ou ler
coisa alguma. Sabia
em silêncio das palavras

ditas especialmente a mim.
Elas me guiaram a abrir
varandas ao bosque. Elas
latejavam rios em minhas veias,

a permitir que eu morresse.

15.

O caminho sem meta
de chegada, a mensagem
sem palavras, a canoa
sem eira nem beira,

a morada que tanto
se amealhou para tê-la
e mais se amealhou
por deixá-la, no trânsito

das águas, é o lugar
da inscrição. E leva
em conta, no recibo
de quitação, as asas

efêmeras dos voos
malogrados e remidos
pelo perdão. Dizer
sem dizê-lo, sem o desvio

do olhar e a simulação
do dizer, sem a vergonha
do dito. Chegar ao porto
certo é ser devolvido ao mar.

16.

O perdão não é a sobra,
como o esqueleto é o resíduo
do corpo derramado ao chão.
O perdão inaugura as páginas

ausentes dando carne aos ossos
enxutos. O não dito, o nunca
escrito, o insuportável, atesta
o amado ir-se embora

sem perdoar o corpo inocente
da travessia. Onde buscá-lo?
E agora testemunha o vazio
imperdoável. Onde estás?

Ter fé é não encontrar a terra
da promessa. E aguardar
como os mortos aguardam
o tempo do perdão e da messe.

17.

O perdão não é epidérmico.
É coisa das entranhas, a voz

que te chama pelo nome.
Um filho é um filho quando

não houver mais nenhum
vestígio do parto e o ventre

que pariu secou junto às ervas
e cultivos, adubado de olvido,

perdoado pela terra e pela água.

18.

O inferno é não poder aceitar
o perdão. Aquele que empunha
a faca é fulminado pelo perdão

inaceitável. Judas joga moedas
ao solo e prefere se enroscar
ao cordão umbilical a ser novamente

molhado pelos olhos compassivos.
A dívida rasgada pelo perdão
torna-se a mais alta dívida.

19.

A segura comprovação
do perdão são os estigmas
na pele da escritura. Outro
olhar emerge das laceradas

pupilas, sem escamação
da dúvida, e a água engole
as palavras. O perdão não
retira a ferida, nem a cura,

e se agasalha no perdoado.
Ressurge o flanco aberto
pela espada. E esplende
e aflora no poema visceral.

O corpo, que amadureceu
apenas o esplendor da rosa
e não os espinhos, ficará
ao relento do ressurgir da carne.

20.

O perdão demora-se.
Graduar-se em morrer
é graduar-se na demora
do perdão. A haste

curva-se sem quebrar
a insígnia aos ombros
caídos, com vários pombos-
correios e um falcão.

O movimento de marés
e ressacas às costas.
Um corpo saturado
de imagens evaporando

páginas na proa da pedra.
Álgido esqueleto coberto
de algas. Graduar-se
em morrer na demora

de viver, na demora
do abraço: ser sonhado
por um sonhador bruscamente
acordado da culpa.

21.

O perdão desprende-se
de todas as metáforas.
O perdão é divino

pela carência de nome.
A liturgia da palavra
seria vento cortante,

seria pedra contra pedra,
seria batimento de asas,
sem a brisa suave, quase

murmúrio, calafrio,
do voo calado, carente
de nome. Estaremos

face a face com o perdão
quando estivermos
perante o imperdoável.

22.

Será que somos descendentes
de Caim desde a mãe África?
E em nós respira a nostalgia

de Abel ensanguentando a lavoura
do pai? Dos filhos de Adão,
o assassino sobrevive ao santo.

Somos descendentes do perjúrio,
encurralados à câmara calcária,
eco da pergunta: o que tenho a ver

com meu irmão? O perdão não
impede a cobra e a pomba
no mesmo esmalte, mas alivia

a terrível imortalidade da chaga.
A dor lateja as letras, enferrujando
o prego na martelada do sangue.

23.

A todos os que morreram
jovens, peço perdão
por lhes ter sobrevivido.

Mais sobrevive quem não
quer se salvar da culpa.
E ocupa o lugar, a cadeira

à mesa, a cama da permanência
vaga, com a dupla vida.
A própria e a do que parte,

pesada mosca parada no ar.
Carrego a emigração
dos que deixo para trás.

Carrego a mim mesma
sobre os seus passos.
O desterro é íntimo amigo.

Empresto-lhes a voz.
Se falarem, fico perdoada,
sobrevivente dos que deixaram

a vida, deixando-me viver.

24.

O que sobrevive mora
ao rés do chão e compartilha
a casa, um andar acima,

com os que se foram
ladrilhar passos no além.
Tantas almas habitam

o sítio de um sobrevivente
sob um teto de cintilações,
ainda em corpo, fecundado

por uma gravidez de alto
risco, a única possibilidade
do perdão imperdoável.

25.

O perdão sem perdão
é impronunciável. A boca
seca na secura do coração

vulnerado de estagnação.
Secam os olhos e vidraças.
O tribunal estará sempre

em sessão. Ninguém tem
o direito de proferir a ferida
a não ser o sobrevivente

do estampido. A absolvição
é escrita na inelegível carne.
Aquele que sobrevive

ao perdão torna a entrar
na existência. Aquele
que perdoa nunca existiu.

26.

Todas as coisas são opacas,
de versos quebrados, antes
do perdão recíproco, quando

dois nascem das culpas mútuas
redimidas. Porém, mais acende
a lâmpada da água quando

o perdoado concede clemência
ao perdoador, excedido
em sua compaixão. Perdoa

a beleza demasiada do rosto
que perdoa e esquece.
Foge do perdão, foge do papel,

a leitura epidérmica do beijo.

27.

O perdão imperdoável
emerge de um coro
de maldições entre ossadas

silenciadas. A ninguém
é delegado nem gera
herdeiros. O patíbulo

coagula rosas no martírio
derramado. Só o sangue,
exclusivamente o sangue,

com o aroma do sangue,
no coração despaginado,
pode proferi-lo. O pecado

do pai é perdoado pelo filho,
mas o filho não alcança
do pai o perdão e tomba

três vezes, entre atônitas
oliveiras. A carne perfurada
de letras continua a verter

a tinta do sangue e escreve
o testamento na ponta dos cravos.
O pão consome a boca. A carne

perdoa os passos da escritura.

28.

A mulher que carrega
o perdão imperdoável
retorna à vida mendiga.

O vestido de cambraia
levou consigo a outra,
passageira da última estação.

E as flores do tecido
e o tecido do perfume.
Toda pele que perdoa

ausenta-se. A sua,
crestada de sol e ventos,
permanece a cumprir

a liturgia dos pés fiéis
à terra. Ambas, molhadas
de sombra, esquecem

o livro sobre os joelhos.
Enquanto uma parte,
outra quis sobreviver.

E soletrar as páginas.

29.

A solidão do perdão
imperdoável não tem
casamento nem promessa

de paraíso, nem moradia.
Nem festa cívica. Nunca
a ausência foi tão corpo.

Um corpo coeso no perdão.
Uma muralha de lágrimas
e anjos. Todos os astros

e planetas refreiam-se
em sua órbita. Apenas
a terra gira, florescendo

as sementes à boca.

30.

O perdão imperdoável
se economiza em solidão.
Não se fragmenta em atalhos

e veredas. Não se prevalece
de sinônimos. E se revigora
residindo em dar-se ao bico

do pelicano e filhotes de asas
inermes ao voo. Sendo um
corpo vulnerado de solidão,

também a alma é vulnerada.
Um verme no casulo. Um
tempo infindável perdura,

atravessado de flechas.
O inimigo morto está vivo.
A tarefa de sobreviver

ao perdão retorna a ser escrita.

31.

Sobrevive-se ao perdão,
apesar da gravidade
da culpa, apesar do peso
da gravidade, da flecha

no calcanhar, do espinho
na mão, da violência
de emplumar anjos,
do cisco no olho sangrando,

todavia, ao colocar
na mesma cesta de víveres,
no mesmo balaio de sol
e noites, a vítima e o algoz.

A penitência se estende
ao cumprido no chão do remorso.
Um perdão nunca merecido.
Nem caindo de bruços

em seu poço estagnado.
Ou ajoelhando na trava
dos degraus o balido
do cordeiro de Deus.

32.

Uma solidão em extremo.
A mesa fica sem o conviva.

A cama sem companhia.
O quarto sem o respirante.

Os sapatos sem os pés.
E a pele à flor da pele.

E não dá para passá-la
adiante em sua sementeira

de grãos. Posso dizer: não
tenho nem ouro nem prata,

mas o que tenho te dou.
O meu rosto em solidão.

33.

O perdão não desfaz
o mistério da morte.
Partilham da mesa
e o santuário levita.

As preces e jaculatórias
não atravessam o ar
pesado de frutas.
Sopesam e se esfarelam

com os ossos do ofício.
Sobreviver ao perdão
é mais difícil e caro
do que sobreviver ao amor.

O sinete em brasa sobrevive
ao chiado do animal.
O manuscrito sobrevive
à impressão sobre a pele

do livro, na canga do sofrer.

34.

Eu posso pedir perdão
por outrem, ser o pecado
do pecador, ser o látego

da culpa, se puxar para mim
o sangue derramado.
E colar o rosto ao sudário

da dor no corpo estranho,
sem paga ou lembrança
do esvaimento, quando

nem a alma percebe
que está fora do estojo
do corpo. E a própria

dor se esquiva e perdoa
esse querer tê-la suave
na fonte. Muitos sofreram,

mas poucos foram o sofrimento.
Muitos perdoaram, mas poucos
foram o perdão pondo passos.

35.

Aquele que perdoa puxa
toda a solidão da existência.

Se o perdão apaga a culpa
e coloca a espada outra vez

em sua bainha, a claridade
do perdão não apaga a retidão

do rosto frente à ferida.
Na compaixão, tu vês

o outro como a ti mesmo.
No perdão, o outro se vê

como nunca vira a si próprio.

36.

O perdão não se o diz
de várias maneiras,
diverso em alternativas

e subterfúgios. Os vários
mundos linguísticos
se rendem ao seu vernáculo,

soletrando de forma
única e irrepetível, na mesma
dobra, o que perdoa

e o que é perdoado.
É linguagem das entranhas.
Uma contração aguda

e um delivramento.
Joga-se fora a memória
da placenta. Somente

fica o descido da árvore.

37.

Olho por olho, dente por dente,
verbo por verbo regurgitam
o pão de cada dia. E trancam,

na carne, a transposição
de sentido, invertendo
o gume ao coração avaro.

Ninguém junta os fragmentos
dos ossos e as páginas
do livro da curta fama

e longa infâmia. A água
não alcança a semente
nem floresce o poço. Seca

a saliva. Secam as entranhas.
O filho do olho por olho,
dente por dente, verbo

por verbo já nasce morto.

38

Nada mais terrível
do que dar a vingança
como herança aos filhos.

A cárie no dente,
o cisco no olho,
a ferrugem do verbo

apodrecem a raiz
da árvore e os frutos
caem uns sobre os outros.

O arado não canta
os passos do lavrador
quando a vingança

fareja o cordeiro
entre arbustos. A lenha
que estala o fogo

escreve a devastação
com mais sangue
derramado na página.

39.

Compreende-se quem
castiga e não se ampara
quem perdoa sem razão
de perdoar, sem troca.

Apenas revoada de aves,
sem permuta de favores,
sem escambo entre feridos
e a promessa. Não precisa

ser traduzido, pois vem
inscrito na membrana
materna. Quem escuta
o perdão imperdoável

sem razão de perdoar?
Quem dele se esquiva,
com a sineta ao pescoço?
Não há fogo que o extinga.

Não adianta tergiversar caminhos.
restando caolho ou manco
das pernas. Ou tapar o semblante,
vedando as narinas. O perdão,

como a santidade, não tem cura.

40.

Se eu pudesse impedir
aquele tiro com a mão

espalmada, e o chumbo
nela afundasse. E a ira

na maciez se agasalhasse.
Impedir com a escrita

da pele, e o tino rompesse
o rio da fúria. E a pólvora

explodisse plumas da ave
bebendo-me a água. O oleiro

sabe que a terra propícia
não terá nem muito peso

nem muita leveza. Apenas
a mão no fundo do lago.

41.

A palavra do perdão desembrulha
a palavra da misericórdia e,
na juntura, são intransferíveis.
O dom da cura é intransferível.

Por mais que estendamos
a mão no ímpeto de impedir
a deflagração da ferida, ninguém
choca os ovos de outro pássaro.

Ninguém retira da toca os ovos
da serpente. Essa palavra sagrada
é avara em sua pronúncia. Eu
quisera libertá-la de quem

a mantém a cadeado e sete chaves,
em boca enferrujada. Arrombar
a porta emperrada do coração.
Quisera emudecer o vozerio

a levantar a voz que se poupa
diante da angústia em solidão.
Eu peço perdão contrito de não
ser a outra de tua salvação.

42.

O ouro é extraído da pedra.
As gemas de todas as cores
da vaidade são extraídas da pedra.
Os olhos de rubi da pomba-

rola são extraídos da pedra.
O camafeu que adorna o seio
da aurora é extraído da pedra.
O lugar é extraído do lugar,

quando a pedra bruta, uma
pedra longamente maturada,
é extraída do perdão. O lugar
da terra negra transladada

da semente, o lugar do entre-
voo quando os pássaros
saírem do aprisco, o lugar
do coração desalojado do peito.

43.

O perdão imperdoável
é indigerível. O estômago
vomita e é vomitado.
Em torno, o bulício

que ainda baba, abjeto.
Um cozido de ervas
amarga a moldura
e a abominação esguicha.

Os olhos misericordiosos
fecham as palavras
e açucenas despertam
entre as mãos feridas

pelo perdão. O perdoado
inclina a cabeça, inclina
o cálice, inclina o livro.
As cavernas e grotas

estão vazias de seu grito
silencioso, desfigurando
o algoz e o carrasco
que não sabem o que fazem.

44.

Na ponta da lança,
na ponta do fuzil,
na ponta da estrela,

a carne floresce lírios.
Na ponta do garfo
e faca, na ponta

dos dedos e dentes
comensais. Na ponta
do abate. Na ponta

do barco e do cais.
Na ponta da estocada
aguda, o pórtico do mar.

Todos somos, desde
o ventre, prometidos
à cova. Menos o perdão.

45.

Os cascos do apocalipse
freiam e voltam atrás,
levantando poeira,

derreando crinas e armas
às margens do lago
límpido do perdão.

O terror se liquidifica.
O triunfo do pastor
é a mansidão das ervas

e o tocador de flauta.
Todos aguardam a visita
inesperada. Atentos

na incerteza da letra
no almanaque de bolso.
Apenas um fragmento,

amornado com a saliva
da sobrevivência, soletra
o enredo do perdão.

46.

Além da fala e da escrita,
além da falta e do esquecimento,
não somos o que vestimos
para a ocasião. Nem o que

mastigamos acuados pelo tempo.
O perdão liberta os cativos
da tristeza no vaivém do êmbolo.
E cura os coxos da ambição

na corcunda da cortesia.
E não somos o corpo adornado
de nudez. O de menos e o demais
na beleza. Os pratos da balança

estão vazios de seu peso. As
rosas deixam-se florir no copo
da respiração contida. A luz
antes de raiar precisa ser proferida.

Somos o que perdoamos. Além
do que dizem os astros ou podemos
dizer, além do que silenciamos,
somos o que perdoamos. Além

da insanidade ao cortar o pulso
da palavra, além do travo
da língua e da seta atravessando
o pescoço, somos o que perdoamos.

Além dos vocábulos ausentes
da fala, além da ausência sem fala,
o alheio do íntimo, o íntimo da dispersão,
somos quando perdoamos o perdão.

47.

O perdão arranca o dito
da palavra silenciada,
a palavra malnascida,

sem nenhum sopro de vida,
a palavra ensurdecida
dos relicários e alegorias,

a palavra dos estandartes
derrubados, das gargantas
perfuradas, pisoteada

em praça pública, difamada
nos muros de prisões
e sanitários. A eternidade

tem inveja dessa trajetória
de solavancos, do tempo
contido nas batidas do pulso,

silenciando todos os relógios
e campanários. Palavra que esperou
o perdão por não dizê-la.

48.

O perdão levanta a voz
dos holocaustos. E abre
a brecha, a fenda, as pálpebras

do muro de lamentações.
A permuta das sombras
rasga a cortina, pondo um

véu de orvalho sobre o rosto.
O perdão não cicatriza
as feridas, elevadas à íntima

escuta, nem apaga o débito
ou pensa as chagas com letra
de ouro. Não embranquece

a mortalha dos dias. Não
assopra o desfeito na fratura
das pedras. As chagas são

a glória da ressurreição. Nada
comprova o improvável: não
as detenhas. Elas deságuam.

49.

Não são os acasos
que retardam a morte.
A morte enrola os lençóis,
apaga as velas, dá uma volta

no leito, uma volta na casa,
uma volta no quarteirão
e aguarda que a boca profira
a palavra do perdão.

A resistência amorna
as intempéries e apazigua
o sol na boca. Há que
se perdoar a injúria

e muito mais a inocência
que ofereceu o rosto
à injúria. Há que se perdoar
o amigo que nos traiu

e muito mais o amigo
que nos salvou. E um
perdão excessivo ao amor
desmedido. E invocar

a proteção da milícia celeste,
cobrir-se de rosas e espinhos,
pois amar demais escapa
à tolerância do perdão humano

50.

Há objetos que anseiam
se humanizar pela afeição
a seus donos. E saberás
de quem são pela dobra

do chapéu, o vinco da roupa,
o puído da gola e punhos.
Os sapatos são os que mais
falam, letra por letra, do usuário.

A boca entorta os cachimbos.
Até a inclinação da cadeira
e o fora de foco da armação
dos óculos dão-lhe o nome

e sobrenome. Envelhecem
juntos, e o seu desgaste revela
o modo de ser da pertença.
Ambos transitórios, de vida

bem-vivida. E os objetos
nos perdoam de deixá-los
ao meio do caminho andado,
sobreviventes do apaziguado

assombro, na magia inexplicável
de um relógio de parede
que se detém, pontual, na hora
incerta de nosso último alento.

51.

Quando saímos a perdoar,
o perdão se antecede no encontro,
perdoando-nos. Não apenas

as mãos entrelaçam o texto
do perdão, mas se enlaçam
e estreitam as entranhas.

O perdão sofre dores de parto
antes de clarear nos olhos
a água decantada. Sempre

serão dois os perdoados.
Aquele que o pede, já deve
tê-lo dado. Aquele que bebe

o cálice, antes esvaziou as veias.
O perdão engendra o perdoado
naquele que assopra as cinzas.

São passos e pernas, páginas
e letras, caindo no perdão,
a ensinar ao Criador a clemência

e a medida de perdoar as criaturas.

52.

Cair no perdão imperdoável
não tem reparação. E ninguém
levanta essa ascese ao contrário.

É como se o mar se arrastasse
até a fonte límpida que desceu
à sua procura e perdesse o sal.

Quando caímos no perdão
sem parapeito a nos proteger
da queda e sem encosto

a recuar do abismo aberto,
nem o amor nos socorre.
Antes, o amor muda de lugar,

troca de asas, a sobreviver
da inconstância de ser corpo
caído na paixão imperdoável

53.

O perdão labora entre
dedos nodosos, treliças
e anéis. Abre crivos no tecido,
abre beiradas nos edifícios,

abre varandas ao olhar,
para ir bem mais longe
e voejar o esquecimento.
E tudo retornar ao início

da criação. Fica apenas
o cheiro denso do molhado,
o aroma das letras na mesa
do convívio. O perdão

estava maduro e o corpo
ainda verde. O perdão
perdoou a demora e lambeu
das feridas o amargor.

54.

As altas energias cabem
no grânulo das mãos que se abrem.
O sangue clareado pela água
ou a água turva de sangue,

entre nervuras. Um manuscrito
hospedando a fruta. Voltar
a comer quando as vísceras
secaram com o pranto. A fome

límpida vem depois da dor.
As lágrimas limpam os vestígios
e, quando engolidas, engolem
o recuo das vagas ao remo

dos naufrágios. A condenação
é selada na boca destinada
ao perdão sem súplica. Uma
mãe que perde o filho, quando

volta a comer, perdoa a morte.

55.

Só o perdão pode traduzir
o nativo para outra língua,
outra cidade, outro século,

outra sensibilidade. Ser outro
ser, não tendo a mesma pele.
Só o perdão sabe do vernáculo

da compaixão. Ao término
da viagem, não seremos
vertidos por um manual

de navegação ou mapa
de desenganos. Um guia
de uso anacrônico. De fuso

horário invertido, a rosa
dos ventos desfolha-se.
As estatísticas desconhecem

o número zero do idioma
dos amantes que se enlaçam,
perdoando o amor mútuo.

56.

O perdão imperdoável
é o cenáculo do pão ultrajado.
Todos foram convidados.
É a última refeição da jornada.

As entranhas evisceradas
não dependem da súplica
nem do arrependimento.
Apesar das tempestades,

não tem um toldo. Apesar
do rosto nublado, raivoso,
não tem esteio ou casaco.
E seria o vazio do túmulo

e os despojos enxutos. Seria
o vazio estelar das órbitas
vagas. Seria o vazio prenhe
de vazio, intumescido de vazio,

saturado de cavas carências
e cáries cavando-lhe o nervo.
Mas todo o corpo se inclina
à escuta do pão repartido.

57.

Quem reparte o pão, reparte
o perdão. Quem absorve
a migalha, nutre a concórdia
do universo e medita,

no coração, a pedra e a pluma.
A serpente e a ave. Medita,
na víscera escura, o fogo
e a água. Esvazia as artérias

do sangue venoso, irrigando
a espuma dos pulmões, na crista
dos galos ciscando as manhãs.
O pão não é a porta ou a chave

da porta. O pão é o elo, boca
a boca, de perdidos e achados.
Quem engole o pão, engole
o mistério da carne divina.

Sem medo: tomai e comei.

58.

A morte é o último perdão
imerecido, faltante. Desliga-se
da falta, desliga-se da vida.
O perdão desgarrado, ovelha

sobre os ombros do pastor
das faltas. A culpa dos sem
culpa, trás os montes de culpas,
trás os mares afundados

no remordimento da culpa,
trás as veias e vísceras celestes.
A falta dos cegos de não verem
a luz. A falta dos coxos de não

apressarem os passos. A falta
dos paralíticos de não se erguerem
com a cama às costas. A falta
dos apedrejados, dos fuzilados,

dos esfaqueados, em terem sido
o alvo fácil da cólera. A falta
do amor no amante traído,
no amigo traído, em teimar

em renascer dos escombros.
Em lamber as feridas abjetas.
Em nos reunir sobre suas asas
e não voar para longe, fora

do alcance do Filho do Homem.

59.

O esquecimento da falta
nos protege de esquecer
que ainda não perdoamos.

A guia dos verdes ramos
se enrosca caminho andado.
O caminho faz-se súplica

que desvela o rosto desaguado
no oceano. O esquecimento
não apaga a ferida, quando

água estagnada na dor
ou retida no rancor, água
não bebível, mas a torna potável,

com seus peixes e o anzol.

60.

O perdão não deixa sinais
nem caligrafia perene.
Tão logo é proferido,
arrebata da vegetação

o perdoado e quem perdoa.
Até o pó estelar se levanta
à glória da carne serenada.
E a caixa torácica se reduz

ao sorver o alento do perdão,
igual ao quarto da parturiente
que recém deu à luz, confrangido
ao novo ser que ali respira

a rasurada escrita da vida.

61.

A revolução necessita ser
salva pelo perdão. A estratégia
da eternidade é feita de sonhos
pequenos e grandes recuadas.

A revolução necessita ser
salva da ruptura do cordão
umbilical e da eclosão prematura.
Ser salva do parto a ferros.

Nada pode mastigar antes
dos dentes. Nada fica de pé
antes de fortificar os ossos.
A revolução necessita ser

salva dos revolucionários
de programa e do crepúsculo
dos deuses. Do calor e febre
do útero. Necessita de uma

infância feliz. Como as águas
da chuva, necessita ser decantada.
E voltar a ser fábula. No dialeto
da revolução, o perdão é canto.

62.

A falta, quando solta
o cabrito entre ovelhas
ou cresce o joio no trigal,

sempre será coletiva.
E não descarrega o corpo
da infâmia em sua tração

animal. O perdão apenas
alivia o peso das costas
encurvadas. O mal desumano

pertence a todos no espólio
da vida e muito mais ao inocente.
Santidade é arvorar para si,

sem desvio do rosto e da flecha,
sem quebra de palavra, sem
tapar a ferida, o mal alheio.

63.

O império exerce o monopólio
do indulto. Entre vinhedos,
a bolsa. Entre títulos de crédito,
a balança. Qual é o preço do homem?

O império é a empunhadura
do gume com dupla ponta
na sombra dobrada a si mesma.
A sombra da vida contida

à sombra da morte à espreita,
vigiando o descuido do cetro.
Cavalga o império, com trote
chicoteado, o cavalo do medo.

A impossibilidade do perdão
não torna o viver insuportável.
A nave encalhada na existência
a pique. A asfixia do império

é a impossibilidade de morrer.

64.

A delação fere o silêncio
da pessoa. A mansidão
do rosto, sem cautela.

O delator não fala,
mas zumbe as palavras.
Uma colmeia açodada

e o ferrão. A delação
solta o atropelo da raia:
o delator perseguido

pela culpa. A vida refém
da emboscada, na perseguição
ao contrário, no entredito

da delação e da calúnia.
Irmãs gêmeas do clamor.
Quem atira a primeira pedra?

O resgate da adúltera
a faz mergulhar as mãos
na infância ensolarada

de pombos que as bicam.

65.

O perdão imerecido não espera
retribuição. Cilindros de vento
e uma mudez em bronze. Sem
contrapartida ao dar-se morrer

em vida prosseguida. Perdoar
a dádiva, olvidando a mão
que a recebeu. Perdoar o amor
por nos ter amado. O calcanhar

quebra o cálice na redoma do enlace.
E ficar entre a presença inabitada
e a ausência presente. Quando
a presença se torna vazia, num

martírio consentido, a ausência
comparece e interpela. Perdoamos
a ambas, como se perdoa um pai
e uma mãe, aceitando ter nascido.

66.

A casa do perdão recebe
o estranho e o estrangeiro,
e deixa sair o patrão. A casa
torna-se amplidão em pouso

e eterniza-se na tardança.
É apenas um deixar a porta
aberta e o arvoredo ainda
na semente. Tudo é tomado

de empréstimo no aluguel
sem paga, permutando
crepúsculos e amanheceres.
No desdém ou a rogo, quem

entra logo muda de figura.
Seu habitante sempre será
um outro que perdoa e um
outro, diverso de si, perdoado.

67.

Quem vai julgar o julgador
e os julgamentos imperdoáveis?
No cerimonial da inquisição,
quem pisa o justo sofredor,

o oficiante da liturgia
ou o aparato do patíbulo?
Qual o perdão a queimar
as palavras da sentença?

Quem lavará as mãos na bacia
do esquecimento? E suplicará
que a sua mãe morra antes
do parto? Numa caixa de vidro,

a ordem da desordem. Tesouras
de asas recortam o firmamento.
Clareando o rosto da página,
nada apaga a injustiça escrita.

Quando pedimos clemência,
ainda não esperamos os córregos
do perdão. O pranto seca olhos
e lenços. O perdão não julga,

deixando o veredicto julgar
a si mesmo, letra por letra.
E aguarda não tirar do lugar
tudo o que está fora do lugar.

68.

O falso testemunho
testemunha a ausência
do feridor no próprio
corpo e o golpe fica

órfão de seu autor.
A anuência aumenta
a vegetação da ferida.
O cão ladra à porta

e a calha goteja a cabeça
da noite. Embacia
os espelhos e os óculos.
Embacia as letras.

O falso testemunho
recusa as manhãs
do rosto original.
As palavras turvas

e fictícias são cascalhos
no leito da fala.
Necessitam ser lavadas
pelas águas do perdão,

alisadas pela saliva
amorosa, quando o fole
da respiração descortina
a paisagem para dentro.

69.

Os falsários do perdão
servem-se de holofotes
e microfones. Vestindo
falsas togas e batinas,

falsas faixas presidenciais,
diademas, coroas e anéis
verdadeiros, necessitam
do silêncio dos cântaros

vazios antes de converter
a água em vinho. A traição
se duplica e fere em dobro:
a visão e a morada do visto.

A floresta e a paisagem
em torno ao caule. Ao perdoar
a dúbia face da falsidade,
a mão retorna ao prato

das raízes do pão, a tempo
de serem emitidas duas vozes.
A que não é ouvida, batendo
as sôfregas asas nos rochedos.

E a voz que, sendo ouvida,
logo é abafada por um tapa
sobre a boca, pondo em alerta
os abismos. Escutaremos as duas,

quando as pedras gritarem.

70.

Muitas vezes já é o instante
do último suspiro, mas não
é a hora do perdão. Diante
de um pensamento intenso,

o corpo reage com um longo
suspiro. Inadvertido suspiro.
O mesmo se dá com o perdão
extremo. O corpo devolve

o último alento ao mundo
irrespirável. De um só fôlego,
todos os passos e pássaros.
De uma só golfada, o amor

e os amores. Mas não sendo
a hora do perdão da morte,
os pulmões voltam a respirar
e a irrigar a lavoura do sangue,

uma parelha de bois ofegantes.

71

O perdão é tácito.
Não se articula
com palavras e gestos.

Não desmorona
velhos e caiados
muros. Não tem

rodapés nem notas
explicativas. Apenas
interfere na atmosfera,

tornando-a sutil
e alegre de beber
a plenos pulmões,

propiciando novo
nascer da árvore
do éden, o envio

do pássaro, a fruta
a ser descascada
pela boca sem culpa.

72.

Amarrem-me as mãos atrás
das costas. Embrulhem-me
com cordas. O poeta sabe

que o sol nasce sobre os bons
e os maus. Porém amarrem-me
as mãos atrás das costas

e silenciem-me, pondo estopa
à boca. Cerrem-me os dentes
a sangrar as gengivas, sempre

que uma criança é massacrada,
vilipendiada e perde a inocência
sem saber o que era a inocência.

Amarrem-me bem amarrada,
o tronco ao tronco. Entorpeçam-me
a língua. A mulher cede lugar à fera

com os seios túrgidos de leite: quero
fazer justiça com todo o corpo.
Quero expulsar os vilões do templo

da santidade e restaurar o reino.

73.

O tempo é a flexão da luz.
E se abastece no escuro
como o homem se abastece
da solidão. E perde energia,

se degrada ou se dissipa
no corpo do universo,
à procura de um coração
compassivo. Navega as águas

da existência a dar ao sedento
o copo cheio do perdão da morte.
Mas a morte hesita e se retarda
em eiras e vergéis, face ao perdão

antecipado pelo amor. A árvore
perdoa o serrote que favorece
a morada e continua árvore
copada, ao abrigo dos amantes.

74.

O perdão é o mais íntimo
amigo, sem a interferência
da face que interroga. Saber
que há alguém atrás da porta.

Saber que a porta se abrirá
sem dia certo. Que a porta
hermeticamente fechada
terá o trinco destravado.

Saber que atrás da porta
alguém continua atento,
com todos os poros, à batida
do coração, no punho fechado.

Saber que está fora do alcance
tudo o que existe fora da porta.
Está fora do alcance o molho
de chaves. Fora do alcance,

como as estrelas na amplidão,
o segredo da fechadura. Mas
o íntimo amigo coloca em
nossa mão a chave mestra.

75.

A comunhão dos santos
é a mesma da comunhão
dos justos. Os justos sabiam
que eram justos. Os santos

eram justos sem saber.
A ambos perdoamos
por escaparem de nossa
compreensão, da conversa

interrompida, do amor
abreviado, da oração
desatenta. As árvores
nada têm o que dizer

à terra que as nutriu.
Nem às nuvens nem
ao incluso calor solar.
Os justos e santos são

o desamparo do rochedo
ao mar da incredulidade.
Têm por olhos o gavião
neles inserido. E vestem

a vegetação encrespada
pelos ventos. Se defendem
das intempéries, dando
face à tormenta. O precipício

descansa manso a seus pés.

76.

O perdão tem a brevidade
das florações. Esplende,
perfuma e deixa cair
as folhas como se não

houvera a cicatriz e a poda.
A eternidade se debruça
com lentidão em recolhê-las.
Requer a paciência rural

da semeadura, pondo passos
antes de espalmar a mão
e deixar cair o grão. E aguardar.
Aguardar a água da chuva

na cacimba dos atentos olhos.
A palavra não volta vazia
de sua carência quando
o espírito perdoa a messe.

O corpo torna-se matéria
de misericórdia ao quebrarem-se
os espelhos. A serpente perde
a pele da inclemência.

77.

Os amantes devem renunciar
a tudo. Renunciar ao quarto,
à cama, aos lençóis. Renunciar
à água e ao vinho. Às rosas

do tecido da pele, ao orvalho
da pele em rosas, ao contato
sorvendo pétalas, a alegrar
as espigas no trigal do corpo.

Renunciar a tudo. Menos
ao perdão mútuo. Essa palavra
que dá nome aos amantes
anônimos. Palavra mínima

que mais vê do que escuta.
E se conjuga na voz calando
outras vozes. Olho no olho,
mais fitam sem embaciar

a luz, sem baixar as pálpebras
da visão, atentos na escuta
da voz que emudece os tímpanos.
O alarido amoroso das rosas.

78.

As árvores sopesam
com os frutos maduros
não colhidos. Sopesam
o coração do agricultor.

Quem detém o destino
da fruta à boca e apodrece
no galho? E terá que ser
perdoado pela criança

que ultrapassa o muro
do alheio, despojando
a árvore? Ou pelo pobre
e faminto passante

que, aliviando a árvore,
alivia a fome nos céus
da boca. Que a mão direita
não saiba o que a esquerda

reteve e secou na estiagem.

79.

Quando criança era bom
saber que o paraíso estava
logo ali, acima da árvore
da inocência. Era alçar

os olhos. Entre nuvens
e estrelas, pairava a casa
ampla do éden. Assim
na terra como no céu,

firmavam-se moradas
e serpenteavam caminhos
azulejados de pedrinhas
de brilhante. Límpido

de incertezas, sem desvios.
Não se duvidava de nada.
Não se perdia nada. Lá
tudo estava preservado,

no aguardo. E para voar,
morria-se. Morrer era apenas
abrir os braços, soltar-se:
a passagem para as asas.

Era deixar de sorver o ar
pesado de pólen e receber
algo mais tênue, próprio
ao voo perene, entre anjos

e bem-aventurados. Era
conhecer os avós de nossos
avós. Era o alívio das figuras,
dos entreditos, do que não

tinha explicação. Precisei
envelhecer para perder
todas as metáforas. E saber
que o céu é aqui, bem perto,

onde se pode ainda perdoar.

80.

Muitas vezes, a mesquinhez,
e não a justa revolta, recusa
o perdão. Engolimos grandes
catástrofes, digerimos brutais

assassinatos com facilidade,
mas não perdoamos ninharias.
Algo de somenos desvia toda
uma biografia no caminho

do bem. Um pedregulho,
uma farpa, um grânulo,
um cochilo, nas lentes
de aumento da mesquinhez,

financiam a escusa do perdão.
E não adianta retirar-se
ao deserto, jejuar e cobrir-se
de trapos. Retirar-se da escrita.

O senhor da ocasião não perdoa
o cisco do olho e se alimenta
do escândalo, a não tirar a trave
que lhe espinha o coração.

81.

O consenso das coisas depende
do perdão. O consenso da mesa
do convívio. Da cama conjugal.

Do livro passado de mão em mão.
O consenso dos objetos pessoais,
gastos e puídos pelo uso diário.

O consenso do berço ao túmulo
é fonte acalmada. Pedir permissão
ao adentrar no patamar das coisas.

Pedir anuência ao andar entre elas
ou arredá-las da efêmera passagem.
E aquietar-se, remidos da pressa.

E no sétimo dia da criação, caindo
a sombra no descanso da luz,
aprender com os místicos, salvos

da urgência, que consentiram
vestir o hábito das coisas mudas
e pediram permissão para morrer.

82.

Não há voto de maior pobreza
do que o perdão. São esvaziadas
todas as gavetas. Esvaziadas
as esferas celestes da ganância

e do lucro, ao virar pelo avesso
os bolsos. Esvaziada a desvalia
do acúmulo dos cofres, na alma
mecânica. Esvaziada no fio da faca,

na avidez da vingança. Se algo
ainda ficar escondido, escamoteado,
nas dobras do casaco ou retido
no fundo falso da mala de viagem,

para assegurar o futuro, ainda não
foi alcançada a extrema pobreza
do perdão. Uma pobreza sem dote
e sem ostentação, a ser distribuída

ela mesma, no brilho de sua escassez.

83.

O perdão nos alivia do peso
e contrapeso. Alivia o luto
do acúmulo e pesares. Alivia
do peso da mobília, do armário

cheio de roupas não usadas
e livros não lidos. O peso sem
visto de passagem e seguro
de viagem. O peso e o pesadelo

de mudar de endereço, trocar
de nome e idioma, por falta
de pagamento, pois reside
a céu aberto. Aliviando-nos

do que embaralhou a visão
mais do que cabia à boca engolir,
lava a poeira da pele e o pó
da morte certa, na pobreza

do nascer. A pobreza da água
com sede. Um descuido que
é cuidado. Água sustentada
pelo fogo na juntura da privação.

A quietude espelhada do poço.

84.

A pobreza do perdão é pão
dormido, barro assoprado
pelo oleiro. Flor à beira

do florir. Tempo foragido
do cilindro do tempo. Uma
pobreza não de remendos

em sua estampa. Ou súplica
da mão estendida ao óbolo.
Esplende em íntimo bordado

a orfandade do mundo. Uma
carência de nada carecer. Uma
querência de nada querer.

Igual à nudez adâmica, antes
de se cobrir de folhas, antes
da vergonha e do banimento.

85.

Perdoar a si mesmo
não é voltar ao útero
materno nem o alívio
da morte. E livrar-se

do remorso, dos pesadelos,
costurando o corte.
Perdoar a si mesmo
não absolve a culpa

no amolador das facas.
Não compensa a dor
com a dor que se causou.
Nem deixa subir o leite

das entranhas. Não tem
argumentos ou atenuantes.
Não põe métrica e rima.
Um reparo nas telhas

com goteira. Uma mão
de tinta sobre o bolor.
Perdoar a si mesmo
é a pobreza extrema.

Despojando-se da prosa
e do verso, o inteiro
corpo comparece diante
da ferida: aqui estou.

86.

A porta da entrada
é a mesma da saída.
O limiar da sombra

não distingue quem
entra e quem saindo
vai. A entrada faz

as perguntas e a saída
responde com o corpo
da fidelidade à vida.

Se eu tivesse morrido
aos trinta e seis anos,
nada deixaria escrito.

A poesia foi-me perdão
e sobrevida. Ardiam
as nuvens, gelava o sol,

quando as páginas lívidas
buscaram minhas mãos.
E me perdoaram de viver.

87.

Perseverar na existência
é perseverar no perdão.
Há uma lâmina que parte
o perdão ao meio, fruta

com as sementes expostas.
Metade comemos e metade
nos é indigesta, embrulha
o estômago. Sem saber

que essa é o único alimento
de eternidade. Quem cura
de buscar o perdão, cura
o ferimento. Quem jamais

descura em dá-lo, apesar
da imperdoável chaga,
cura a si mesmo no dar-se
a morrer, em contrabando

de pássaros no céu imóvel.

88.

Não era lugar para morrer,
não era lugar para viver.
Era o lugar para acordar

da agonia. O desamparo
da eternidade. A nudez
dos elementos. Adentrei

saindo. Um firmamento
móvel, aguçando o ouvido,
aguçando deixar de ouvir,

calou o rumor dos astros
para ressoar os passos
do ir-se embora. Arrogo

para mim a solidão do perdão
imperdoável. E não a troco
por um grande amor. Troco

solidão por outra solidão maior.
Quero ser aquela que foi
perdoada porque muito amou.

PERDOAR O AMOR

Perdoar o amor por não ter
nos encontrado, no atraso

ou na antecipação do tempo
amoroso. Por termos nascido

antes ou depois de seus olhos.
O amado sempre fica atento

em nossa desatenção e insone
no profundo dormir. As mãos

querendo se encontrar, tateando
o rosto nunca adivinhado

e tão querido, a respiração
quase ao mínimo, em alerta.

Perdoar o amor por não ter
nos encontrado. Assopramos

nuvens e convocamos o vento.
Entramos no grão e emergimos

em árvore para que nos avistasse.

Perdoar o amor por não ter
nos conjugado. Reconhecemos

a letra nos poemas anônimos.
Reconhecemos a inconfundível

voz em cada murmúrio. A pele
floresce no amparo dos ombros.

Mas nunca o amor encontrou
o rosto voltado à sua vinda,

desde a criação do universo.

Perdoar o amor por tê-lo
procurado em todas as coisas

desnecessárias. E tirado
máscaras e disfarces. Uma

pomba alertada, um peixe
fisgado, a rama da flor fora

do ciclo apenas indicaram
do amor o trânsito onde

não estávamos. A inclinação
da árvore ao peso dos frutos,

a lambida da brisa nas pernas,
pronunciaram o passo da germinação,

lento, do amor que se perdera
na estrada por onde não íamos.

Perdoar o amor por não ter
nos enlaçado. À sua espera,

fomos sucessivamente a casa
e o pátio. O cercado e os confins.

O estar à janela e o sair à procura.
A ler o que não estava escrito

nos astros ou livro do destino.
A promessa da aparição fazia

estremecer o assoalho, sacudir
as cortinas, turvar o tino,

a confundir o anjo da morte
com o anjo da sua anunciação.

∾

Traduções aproximativas,
leitura de segunda mão,

de algum modo falam
do encontro sem o gozo

e da rosa sem o perfume.
O amor não nos pronunciar

tornou a existência ausente.
Iletrada da nossa face.

O mar invadiu o leito
desabitado, a não mais saber

quem dorme no corpo
da procura e quem levanta

dos elementos do perdão.
Quando a carne se faz Verbo.

MARIA CARPI, poeta gaúcha nascida em Guaporé, professora-advogada, defensora pública, é autora de *Nos Gerais da Dor, Vidência e Acaso, Desiderium Desideravi* e *Os Cantares da Semente* (Ed. Movimento/RS); *O Caderno das Águas* (WS Editor/RS); *A Migalha e a Fome* (Ed. Vozes/RJ); *A Força de Não Ter Força* (Ed. Escrituras/SP); *As Sombras da Vinha* e *O Herói Desvalido* (Ed. Bertrand Brasil/RJ); *Abraão e a Encarnação do Verbo, A Chama Azul* (com gravuras de Alfredo Aquino) e *O Senhor das Matemáticas* (Ed. AGE/RS). O livro *Vidência e Acaso* teve uma 2ª edição (Ed. HCE/RS).

Entre os diversos prêmios, obteve o Prêmio Revelação Poesia/90 da Associação Paulista de Críticos de Arte, por seu livro de estreia, *Nos Gerais da Dor*, ora traduzido por Brunello de Cusatis e editado na Itália, por Morlacchi Editore, sob o título *Nel Dolore Sconfinato*. E o livro *A Chama Azul* acaba de ser publicado na França, por Les Arêtes Editions, sob o título *La Flamme Bleue*. Poemas seus foram incluídos em *A Literatura Feminina no Brasil Contemporâneo*, de Nelly Novaes Coelho, editado em 1992 pela Editora Siciliano.

Tem participado de antologias e revistas especializadas. Foi conselheira do Conselho Estadual dos Direitos da Criança e do Adolescente, representando a Defensoria Pública e, depois, a OAB/RS. É membro do Instituto dos Advogados do Rio Grande do Sul e representou, por dois anos, a Associação dos Escritores Gaúchos no Conselho Estadual de Cultura.

Impresso no Brasil pelo
Sistema Cameron da Divisão Gráfica da
DISTRIBUIDORA RECORD DE SERVIÇOS DE IMPRENSA S.A.
Rua Argentina 171 – Rio de Janeiro, RJ – 20921-380 – Tel.: 2585-2000